NOVENA
de
Santa Rita de Cássia

Petrópolis

© 1970, Editora Vozes Ltda.
Rua Frei Luís, 100
25689-900 Petrópolis, RJ
www.vozes.com.br
Brasil

40ª edição, 2015.
1ª reimpressão, 2025.

Todos os direitos reservados. Nenhuma parte desta obra poderá ser reproduzida ou transmitida por qualquer forma e/ou quaisquer meios (eletrônico ou mecânico, incluindo fotocópia e gravação) ou arquivada em qualquer sistema ou banco de dados sem permissão escrita da editora.

IMPRIMATUR
Por comissão especial do Exmo. e Revmo. Sr.
Dom Manuel Pedro da Cunha Cintra,
Bispo de Petrópolis,
Frei Hugo D. Baggio, O.F.M.
Petrópolis, 26-2-1970.

CONSELHO EDITORIAL

Diretor
Volney J. Berkenbrock

Editores
Aline dos Santos Carneiro
Edrian Josué Pasini
Marilac Loraine Oleniki
Welder Lancieri Marchini

Conselheiros
Elói Dionisio Piva
Francisco Morás
Gilberto Gonçalves Garcia
Ludovico Garmus
Teobaldo Heidemann

Secretário executivo
Leonardo A.R.T. dos Santos

PRODUÇÃO EDITORIAL

Aline L.R. de Barros
Jailson Scota
Marcelo Telles
Mirela de Oliveira
Natália França
Otaviano M. Cunha
Priscilla A.F. Alves
Rafael de Oliveira
Samuel Rezende
Vanessa Luz
Verônica M. Guedes

ISBN 978-85-326-0388-3

Este livro foi composto e impresso pela Editora Vozes Ltda.

SUMÁRIO

Advertências, 5
1º dia, 7
2º dia, 13
3º dia, 15
4º dia, 17
5º dia, 20
6º dia, 22
7º dia, 24
8º dia, 26
9º dia, 29

NOVENA A SANTA RITA DE CÁSSIA

Advertências

As almas piedosas que pretendam fazer com fruto esta novena e alcançar pela intercessão de Santa Rita os bens tanto espirituais como temporais (sempre que esses desejos estejam submetidos incondicionalmente à vontade de Deus), procurarão exercitar-se nas obras de virtude mais conformes com o seu estado. Como consequência disto, deverão usar os meios convenientes, mediante a divina graça, para adquirir aquelas virtudes que não possuem e que mais caracterizam a vida de Santa Rita.

Nem todos podem praticar o jejum rigoroso, os atos de penitência e a mortificação como o fez Santa Rita, pois nem sempre se digna o Senhor manifestar de modo tão extraordinário, nas suas criaturas, a grandeza de sua misericórdia; mas a todos é fácil a prática de outras virtudes que abrem as portas da vida sobrenatural. Não há ninguém, por pobre que seja, que não possa socorrer a seu próximo com a esmola maternal, ou pelo menos compadecer-se de sua indigência na presença de Deus. Todos podem ser humildes, sofrer algo por amor de Jesus, conservar a pureza do coração, fugir dos perigos que frequentemente cercam a alma, evitar a murmuração e o escândalo, dar bom exemplo dentro e fora de sua casa, educar os filhos no santo temor e amor de Deus e, finalmente, cumprir os deveres próprios de seu estado. E nada se diz da frequência da Confissão e Comunhão, necessária para a vida do espírito, pois se pressupõe que as almas devotas de Santa Rita não são daquelas que só recebem estes Sacramentos uma vez no ano. A contínua prática de todos estes atos de piedade e misericórdia constitui a verdadeira devoção à *Advogada de impossíveis,* cujas virtudes se amoldam perfeitamente a todas as circunstâncias da vida da mulher cristã.

A maior parte desta novena foi extraída do belo livro *Luz de amor*. Avivemos nossa fé e confiança no Senhor, e, purificada a alma das habituais imperfeições, não duvidemos que alcançaremos, pela intercessão de Santa Rita, as graças de que necessitamos.

1º DIA

Pelo sinal da santa cruz, livrai-nos, Deus, Nosso Senhor, dos nossos inimigos. Em nome do Pai e do Filho e do Espírito Santo. Amém.

Ato de Contrição

Senhor, meu Jesus Cristo, Deus e homem verdadeiro, Criador e Redentor meu, por serdes vós quem sois, sumamente bom e digno de ser amado sobre todas as coisas e porque vos amo e estimo, pesa-me, Senhor, de todo o meu coração, de vos ter ofendido; pesa-me também por ter perdido o céu e merecido o inferno; e proponho firmemente, ajudado com os auxílios de vossa divina graça, emendar-me e nunca mais vos tornar a ofender, e espero alcançar o perdão de minhas culpas por vossa infinita misericórdia. Amém.

Oração para todos os dias

Deus e Senhor nosso, que, dispondo tudo com admirável providência, colocastes em vossa Igreja os Santos que fossem modelo permanente de todas as virtudes, e, chamando-os a vosso seio, foram constituídos protetores e advogados nossos: ouvi propício as preces de vossa serva Rita, que destes ao mundo como modelo nos diferentes estados da vida, e concedei-nos que o que nossa fraqueza não pode alcançar, o consigamos pela sua poderosa intercessão. Amém.

Oração para o 1º dia

Astro refulgente da Igreja, pérola engastada na coroa do céu agostiniano, gloriosa Santa Rita, cujo nascimento foi prenúncio da futura santidade, celebrada pelos anjos quando anunciaram a vossos pais a boa-nova do vosso nascimento, e admirada dos homens ao contemplarem com assombro o estupendo milagre do rico favo de mel fabricado em vossa boca ao desabrochar o primeiro sorriso de inocência: compadecei-vos dos vossos devotos, e concedei-nos, como prêmio do amor que vos professamos, a graça de aceitar com fidelidade o chamado divino, para que cheguemos a alcançar a glória eterna. Amém.

Meditação para este dia

I. Considera, alma cristã, os afetos que enlevariam a alma dos piedosos pais daquela menina abençoada, vendo-a, logo depois de nascida, favorecida por Deus com aquele favo de mel dulcíssimo, fabricado nos seus puríssimos lábios por aquelas misteriosas abelhas.

II. Pede a Deus, pela intercessão da Santa, a graça de perseverar até à morte limpa de toda culpa mortal, para que, entre o fel das adversidades com que Deus prova e castiga neste mundo os predestinados ao céu, te faça gozar, pelo menos em parte, as inefáveis doçuras de sua cruz.

– A este pedido acrescente-se com toda confiança a graça particular que desejarmos alcançar por meio desta novena.

Breve meditação e depois se dirá:

Ofereçamos agora a Deus um Pai-nosso e quatro Ave-Marias, dando-lhe graças pelas virtudes com que enriqueceu a Santa Rita nos quatro estados de sua vida, para que se digne conceder-nos as que mais necessárias sejam ao nosso estado particular.

Oração final para todos os dias

Dulcíssimo e dolorosíssimo Jesus: que quisestes que vossa santíssima Cabeça fosse coroada de espinhos, e vos dignastes presentear um deles à vossa serva Rita, assinalando-a na testa como vossa Esposa; concedei-me, Senhor, sua intercessão; e pelo sangue que, servindo de instrumento os espinhos, saiu de vossa sacrossanta Cabeça e correu por vosso belíssimo Rosto, fazei que, banhando-se com ele minha alma, se limpe e purifique dos espinhos dos pecados que mortalmente a têm ferido, e assim, regada e purificada, dê copiosos frutos de boas obras, enriquecendo-os com a perseverança final, à qual tendes prometido a vida eterna, onde vos louve e goze com vossa coroada Esposa, protetora e advogada minha, e com todos os coros dos Anjos e Santos que vos louvam e abençoam na glória por toda a eternidade. Amém.

Antífona

Saúdo-vos, Rita, que, entre espinhos de dor, fostes consagrada Esposa, e ainda vaso e Rosa de Cristo, vosso divino amor.

. Assinalastes, Senhor, vossa serva Rita.

℞. Com o sinal de vossa caridade e paixão.

Oração

Ó Senhor, que vos dignastes conceder tanta graça a Santa Rita, que, imitando-vos no amor dos inimigos, mereceu levar no seu coração e fronte os sinais de vossa Paixão, rogamo-vos, pela sua intercessão e pelos merecimentos, nos concedais amar os nossos inimigos e, com o espinho da compunção, contemplar as dores da vossa Paixão. Vós que viveis e reinais nos séculos dos séculos. Amém.

Hino de Santa Rita

Tu que vivestes de amor,
E no amor te recreias,
Bendita para sempre sejas,
Doce esposa do Senhor.

Quando a Deus se elevaram,
Em célicas fragrâncias, teus amores,
Os anjos, Santa Rita, te invejaram,
E nas rosas de tu'alma se poisaram,
Como as abelhas poisam sobre as flores.

Vive e ama, te disseram,
Viva e ama, bela Rita,
Que por Deus e pelos homens
Sejas para sempre bendita.

Deus em tu'alma virginal
Pôs dos Anjos a beleza
Exalando tua pureza
Seu perfume celestial;
E por guardar essa flor,
Linda rainha das flores,

Em ela pôs seu amor
O Senhor Rei dos amores.

Fostes esposa do Senhor
Com alma de serafim,
Teu amor é, pois, o amor
Do coração de Agostinho;
Amor que Deus galardoa:
Em prova de união sem fim
Deixou em tua fronte um espinho
E uma flor na tua coroa.

2º DIA

Ato de contrição etc., como no primeiro dia.

Oração para este dia

Salve, modelo de perfeita obediência, heroína de abnegação e sofrimento; salve, espelho de jovens honestas, de esposas atribuladas e de mães que sabem amar seus filhos; salve, mulher forte, que, conhecendo ser melhor a obediência que o sacrifício, renunciastes ao voto de virgindade, que tão grato vos era, para aceitar a pesada cruz do matrimônio, com todas as consequências de um esposo cruel, iracundo e dominado pelos vícios, a quem, qual outra Mônica, chegastes a amansar e converter com a eloquência de vossas lágrimas e a eficácia do vosso silêncio. Tende piedade, ó incomparável Santa Rita, da irrefletida e inconsiderada mocidade; aliviai o peso da tribulação e de tanta amargura que oprime o coração de inocentes esposas que, como vós, outra consolação não têm, senão suas lágrimas e silêncio, e alcançai-nos a todos a resignação nos trabalhos e a fortaleza na adversidade, para lutar valorosamente até conseguirmos a bem-aventurança eterna. Amém.

Meditação

I. Considera, alma devota, o heroico sacrifício de Santa Rita, aceitando, para obedecer a seus pais, o estado de matrimônio, para o qual, desde criança, só sentira grande aversão. E que vida de matrimônio a sua, até conseguir a transformação completa daquele homem de *caráter cruel* e *abomináveis costumes*, como qualifica a Igreja o marido de nossa Santa! Desprezos, ultrajes, infidelidades, por tudo isto passou aquela segunda Mônica, cuja filha predileta havia de ser com o tempo.

II. Pede à Santa que lance a semente da paz e concórdia em todos aqueles infelizes lares onde reina a discórdia e má vontade; roga-lhe que dê remédio aos dolorosos dramas que frequentemente se desenrolam no seio das famílias. A este pedido acrescenta com toda confiança o que te move a fazer a presente novena.

Breve meditação, e depois se dirá:

Ofereçamos a Deus um Pai-nosso e quatro Ave-Marias... etc. Segue a oração final para todos os dias e o Hino.

3º DIA

Ato de contrição etc., como no primeiro dia.

Oração para este dia

Ó gloriosa Santa Rita, modelo perfeito de virtudes cristãs, que, privada violentamente do esposo quando começáveis a provar os frutos da conversão operada na sua alma, depois de um trabalho constante que durou dezoito anos, não só vos resignastes com perda tão irreparável, mas intercedestes em favor dos assassinos, e alcançastes do céu a morte de vossos filhos, ante o temor de que, cedo ou tarde, vingassem a do pai querido: fazei que com a mesma grandeza de alma perdoemos nossos inimigos, para que o Senhor perdoe nossas ofensas. Amém.

Meditação

1. Reflete, alma piedosa, qual seria a tristeza de Santa Rita, vendo-se sozinha no mundo, sem a companhia do esposo, convertido por ela para o céu à custa de tantos sacrifícios, e privada daqueles dois filhos arrebatados pela morte quando mais alegria e consolação podiam oferecer à Mãe atri-

bulada. Ela, não obstante, se humilha, se resigna e bendiz o céu, dizendo com o Santo Jó: *O Senhor mos deu, o Senhor mos tirou; bendito seja seu santo nome.* Oh! que exemplo, que lição para as esposas, para as mães e viúvas cristãs!

II. Pede agora à Santa a graça de imitá-la no seu heroísmo, ou pelo menos que te dê a resignação cristã nos trabalhos que o Senhor te enviar nesta vida. – A esta petição acrescenta a graça particular que desejas alcançar por meio desta novena.

Breve meditação... etc e tudo o mais como no primeiro dia.

4º DIA

Ato de contrição etc.

Oração para este dia

Ó prodígio de santidade, ilustre Santa Rita, donzela imaculada, esposa sem igual, mãe excelente e viúva irrepreensível! Para engrandecer e santificar com vosso exemplo a perfeição de todos os estados da vida, unicamente vos falta realizar o sonho dourado da vossa infância: vestir o hábito religioso. Que valem os obstáculos e as dificuldades que possam apresentar-se? Vossas súplicas, vossas lágrimas aplanarão tudo; e quando isto não bastar, Deus, que cuida de vós como filha predileta, enviará do céu os vossos três Santos advogados, São João Batista, Santo Agostinho e São Nicolau de Tolentino, para que, como três anjos, vos guiem à morada do Senhor, pela qual tanto suspirais, onde de braços abertos, e dando graças ao Altíssimo, sereis recebida pelas observantes filhas de Santo Agostinho. Concedei-nos o dom de perseverar no nosso bom propósito, por graves que sejam as tentações e dificuldades que se nos apresentarem, até que cheguemos finalmente a contemplar-vos na glória. Amém.

Meditação

I. Considera, alma cristã, quão amargurada ficou a alma de nossa Santa, vendo desatendida suas súplicas e malogradas suas esperanças de consagrar-se inteiramente a Deus pelos votos religiosos no Convento agostiniano de Santa Maria Madalena de Cássia, do qual foi por três vezes repelida, por ser costume das religiosas não admitirem na sua companhia senão donzelas virgens. Considera também o gozo que experimentaria quando, acompanhada por aqueles três celestiais mensageiros, foi introduzida no referido Convento das Agostinianas de Cássia, as quais ficaram admiradas de ver nossa Santa dentro da clausura, e mais ainda se admiraram ao saber pela narração de Rita o modo miraculoso do ingresso, abençoando todas a Deus e dando-lhe graças pelo tesouro inestimável com que havia enriquecido sua companhia.

II. Pede à Santa a graça de seres firme e constante no cumprimento dos teus propósitos.

A esta petição acrescenta a que te move a fazer esta novena.

O demais como no primeiro dia.

5º DIA

Ato de contrição etc.

Oração para este dia

Ilustre filha de Santo Agostinho, que, tendo conseguido vestir seu santo hábito e correia, e consagrando-vos totalmente a Deus pelos votos religiosos, dedicastes os anelos a purificar mais e mais vossas virtudes, merecendo cm prêmio de vossa obediência cega, mortificação rigorosa e contínua contemplação das dores e sofrimentos do Redentor, receber favores extraordinários, como fazer brotar no rigor do inverno cheirosas rosas e frutos saborosos; e sobretudo a graça especial de receber em vossa fronte um dos espinhos da coroa do Salvador: alcançai-nos a graça de que sejamos perfeitamente obedientes aos divinos preceitos e que saibamos orar e ter na nossa memória a cruz e sofrimentos de Nosso Senhor Jesus Cristo. Amém.

Meditação

I. Considera, alma devota, o fervor com que nossa Santa, vestido o hábito agostiniano e feitos os votos solenes, entregou-se com alma e corpo a toda sorte de rígidas penitências, até ao extremo de passar dias e dias em extática contemplação, sem outro alimento que o manjar eucarístico, diariamente recebido, tendo por leito o duro chão, levando a toda hora cingido ao corpo áspero cilício e unidos no interior dos vestidos pungentes espinhos. Considera também a nossa Santa consagrada aos exercícios de caridade, humildade e obediência, e toda absorta na contemplação do querido crucifixo, de quem recebeu aquela ferida na testa, que conservou todo o tempo de sua vida, e tantos outros favores com que o Senhor enriqueceu sua serva no claustro.

II. Pede a Deus, pela intercessão de Santa Rita, a graça da fortaleza cristã, para não te deixares vencer pelas paixões e maus hábitos, e afeiçoar-te ao recolhimento e à oração, para que te sintas inclinada às coisas da religião e desapegada das vaidades mundanas. – A este pedido junta a graça particular que desejas alcançar por esta novena.

O demais como no primeiro dia.

6º DIA

Ato de contrição etc.

Oração para este dia

Pelas dores cruéis e rigoroso isolamento que vos proporcionou a ferida aberta em vossa testa pelo glorioso estigma da Cruz, alcançai-nos, ó Serafim de Cássia, que saibamos suportar com resignação cristã o peso das cruzes próprias de nosso estado, e que, como vós, experimentemos o gosto de morrer entre o sofrimento, crucificados com Cristo Jesus. Amém.

Meditação

I. Considera, alma atribulada, o que sofreria Santa Rita durante a comprida e penosa doença produzida pela ferida do sagrado espinho. Incomodadas as religiosas pela exalação intolerável que a ferida desprendia e pelo nojo que produzia o pus que dela manava; impossibilitada assim da assistência aos atos da comunidade, viu-se necessitada nossa Santa de viver isolada durante muitos anos. Mas aquele forçado retiro ela o aproveitou para exercitar-se mais a seu grado na contemplação das dores e sofrimentos de seu amado Jesus, comunicando-se este mais intensamente com sua predileta esposa, enchendo-a de inúmeros favores.

II. Pede a Deus, pela mediação de Santa Rita, a graça de conformar-te com a divina vontade, assim nas coisas prósperas como nas adversas, e de abençoá-lo em ambas as ocasiões. – A esta petição acrescenta a que te move a fazer esta novena.

O demais como no primeiro dia.

7º DIA

Ato de contrição etc.

Oração para este dia

Ó prodigiosa Santa Rita, que no prolongado martírio de vossa vida recebestes, junto com o fel de todas as amarguras e de todas as dores, o bálsamo das consolações que embriagam e arrebatam a alma, inflamando-a em maiores ânsias e desejos de sofrer por Cristo, para gozar e reinar depois com ele; fazei que nas nossas tributações e friezas de espírito desça sobre nossas almas o orvalho das divinas consolações, perseverando sem desalento nas nossas orações e não afrouxemos no exercício das práticas piedosas e no santo serviço de Deus. Amém.

Meditação

I. Considera os desígnios da divina Providência manifestados nos quatro estados da vida de Santa Rita, ora submergida num mar de amarguras, ora extasiada na abundância de doces deleites e ternas emoções, para deste modo suportar as terríveis provas com que, desde sua meninice, viu-se fortemente combatida. Por isso o Senhor se dignou favorecê-la com graças extraordinárias nos diferentes estados. Ainda criança, resolveu guardar sem mácula a pureza de alma e corpo, não tolerando coisa alguma que pudesse empanar o brilho da honestidade e recato próprios dos filhos de um Deus puríssimo. Por obediência, aceitou o estado de matrimônio para que as esposas e mães saibam que devem ser puras e castas dentro do próprio estado. No claustro era considerada como espelho puríssimo, no qual se refletia a virtude angelical da pureza, de tal modo que as mais perfeitas entre as Virgens reconheciam a Rita como mestra e modelo perfeitíssimo de castidade e pureza de coração.

II. Pede ao Senhor, pela intercessão de Santa Rita, cumprir com fidelidade as obrigações próprias do estado por ti abraçado, ou as necessárias à melhor escolha do mesmo. – A esta petição junta com toda confiança a graça que desejas alcançar por esta novena.

O demais como no primeiro dia.

8º DIA

Ato de contrição etc.

Oração para este dia

Ó gloriosíssima Santa Rita, cuja morte, semelhante em tudo à vossa vida, foi o ato mais terno e comovente que se pode presenciar dentro dos claustros! Que conselhos, e que despedida a vossa, feita àquelas irmãs queridas que, com lágrimas nos olhos, invejando vossa morte, felicitavam-se ao mesmo tempo pelo vosso glorioso trânsito! Que perfume aquele que começou a se desprender da chaga da vossa fronte! Que olhar tão meigo o de vossos olhos! Que suspiros tão suaves e que abraço tão celestial coroaram vossa preciosa existência! Por todas estas maravilhas vos suplicamos que nos concedais a graça da perseverança final e uma morte preciosa aos olhos do Senhor. Amém.

Meditação

1. Considera, alma piedosa, aquele prodígio de santidade, pedindo perdão às suas irmãs, desde o leito da morte, dando-lhes os últimos conselhos e abençoando-as com o Santo Crucifixo, que não largava das mãos nem afastava de sua vista. Con-

templa-a risonha e alegre, porque passou já o inverno desta miserável e afanosa vida e chegou a primavera, o dia por que sempre suspirou a sua alma para celebrar as bodas eternas com o Celeste Esposo. Repara nos milagres que operou a Onipotência divina por ocasião da morte de Santa Rita, fazendo brotar rosas e frutos fora do tempo, para recreá-la na última doença; visitando-a Jesus e Maria para lhe assegurar que em breve iria gozar de sua companhia no céu. Olha, finalmente, a Rita, cheia de gozo, com os olhos fixos no seu amado Jesus, os braços abertos em forma de cruz, e como que dormindo em suavíssimo êxtase, voa sua alma à morada das eternas delícias.

II. Pede a Deus, pela intercessão de Santa Rita, a graça de morrer no seio da Santa Igreja, auxiliado com todos os Sacramentos. – A esta súplica acrescenta com toda confiança a graça que desejas alcançar por esta novena.

O demais como no primeiro dia.

9º DIA

Ato de contrição etc.

Oração para este dia

Ó incomparável Santa Rita! Que, depois de terdes engrandecido e santificado com vossas heroicas virtudes os estados de vida que a mulher pode abraçar neste mundo, de donzela, mãe, viúva e religiosa, deixando em todos admiráveis exemplos que imitar; começastes, com vossa preciosa morte, o período de estupendos milagres, pelos quais tendes merecido o título de *Advogada de impossíveis*, por não haver negócio, conflito ou situação, por difícil e desesperado que pareça, que não encontre em vós fácil e suave solução, acudindo a vossa proteção, de modo que, com toda verdade, se pode dizer que podeis tudo, porque nada vos nega Aquele para quem tudo é possível. Alcançai-nos, Santa Bendita, em prova do amor que vos professamos, das simpatias que por vós sentimos e da fé e devoção com que vos oferecemos o pobre obséquio desta Novena, a graça de cumprir honrada e nobremente os deveres de nosso estado, santificando-nos nele e salvando-nos por ele, pelos méritos de Nosso Senhor Jesus Cristo. Amém.

Meditação

I. Medita e goza, alma cristã, na contemplação das maravilhas extraordinárias que, logo depois da morte de Santa Rita, começou a operar o Senhor pela sua intercessão. Os sinos do convento, e todos os das igrejas da cidade, batiam sozinhos; celestial perfume, em nada semelhante aos da terra, espalhou-se por toda parte; a chaga da testa transformou-se em resplandecente diamante; não houve doente que não sarasse ao contato daquele sagrado corpo e do hábito misterioso da Santa; nem esposa que não alcançasse a paz e concórdia doméstica; nem mãe que não conseguisse a melhora de seu filho, nem religiosa que não se adiantasse no caminho da perfeição evangélica, nem transe, aperto, perigo ou doença que não achasse pronto e eficaz remédio. Ainda hoje, a fé dos verdadeiros crentes consegue da Santa maravilhas semelhantes; seu corpo, depois de mais de quatrocentos anos, conserva-se intacto, quase como no dia em que dele se separou da alma; hoje, como então, desse corpo se desprendem, como das rosas, eflúvios embriagadores, que anunciam às religiosas de Cássia a proximidade ou a realização de algum milagre pela intercessão da Santa. Que de particular tem que cada dia se propague mais seu culto e se estabeleçam novas Associações em honra de Santa Rita? Qual a mãe cristã, esposa ou viúva, que alma religiosa pode prescindir da devoção a Santa Rita?

II. Pede com toda confiança a graça especial que te levou a fazer esta novena; e se houver algum obstáculo para conseguires essa graça, lembra a Santa Rita o título de *Advogada de impossíveis*, para que ela aplane e afaste esse impedimento.

O demais como no primeiro dia.

Conecte-se conosco:

- **f** facebook.com/editoravozes
- **◉** @editoravozes
- **X** @editora_vozes
- **▶** youtube.com/editoravozes
- **☎** +55 24 2233-9033

www.vozes.com.br

Conheça nossas lojas:
www.livrariavozes.com.br

Belo Horizonte – Brasília – Campinas – Cuiabá – Curitiba
Fortaleza – Juiz de Fora – Petrópolis – Recife – São Paulo

EDITORA VOZES LTDA.
Rua Frei Luís, 100 – Centro – Cep 25689-900 – Petrópolis, RJ
Tel.: (24) 2233-9000 – E-mail: vendas@vozes.com.br